BEI GRIN MACHT SICH IHR WISSEN BEZAHLT

Hülya Isik

Säkuläres und religiöses Staatsverständnis in Indien

GRIN Verlag

Bibliografische Information der Deutschen Nationalbibliothek:

Die Deutsche Bibliothek verzeichnet diese Publikation in der Deutschen National-
bibliografie; detaillierte bibliografische Daten sind im Internet über http://dnb.d-
nb.de/ abrufbar.

Impressum:

Copyright © 2014 GRIN Verlag GmbH
Druck und Bindung: Books on Demand GmbH, Norderstedt Germany
ISBN: 978-3-656-76349-9

Dieses Buch bei GRIN:

http://www.grin.com/de/e-book/281592/saekulaeres-und-religioeses-staatsverstaend-
nis-in-indien

GRIN - Your knowledge has value

Der GRIN Verlag publiziert seit 1998 wissenschaftliche Arbeiten von Studenten, Hochschullehrern und anderen Akademikern als eBook und gedrucktes Buch. Die Verlagswebsite www.grin.com ist die ideale Plattform zur Veröffentlichung von Hausarbeiten, Abschlussarbeiten, wissenschaftlichen Aufsätzen, Dissertationen und Fachbüchern.

Besuchen Sie uns im Internet:

http://www.grin.com/

http://www.facebook.com/grincom

http://www.twitter.com/grin_com

Christian-Albrechts-Universität zu Kiel

Institut für Sozialwissenschaften

Seminar: Die Politischen Systeme Asiens III: Südasien

Referatsausarbeitung zu:

Indien I

Geschichte – Zwischen säkularem und religiösem

Staatsverständnis

Von:

Hülya Isik

Abgegeben: 27.08.2014

Inhalt

1 Einleitung

Ein einflussgebender Faktor der indischen Geschichte und seiner Politik ist die Rolle der Religionen im Land. In Indien verteilen sich die Religionen wie folgt: 80,5 % Hindus, 13,4 % Moslems (hauptsächlich Sunniten), 2,3 % Christen, 1,9 % Sikhs, 0,8 % Buddhisten, 0,4 % Jainas und 0,6 % andere: (z. B. Adivasi, Bahai, Parsen) (Census of India, 2001). Der Hinduismus selbst ist aus westlicher Sicht äußerst verwirrend. Hier ein Auszug aus „Hinduismus für Dummies" zur Verdeutlichung:

„Was ist Hinduismus?

»Was ist Hinduismus?«, fragte ich die Soziologen. »Hinduismus? Das sind viele Kasten und ein kompliziertes soziales Geflecht!«

»Was ist Hinduismus?«, fragte ich die Ethnologen. »Hinduismus? Das sind sehr viele verschiedene Völker mit ganz unterschiedlichen Vorstellungen und Praktiken!«

»Was ist Hinduismus?«, fragte ich die Philosophen. »Hinduismus? Hinduismus ist die Einheit von atman und brahman!«

»Was ist Hinduismus?«, fragte ich die Religionswissenschaftler. »Hinduismus? Das ist der Glaube an viele Götter und gleichzeitig der Glaube an einen Hauptgott!«

»Was ist Hinduismus?«, fragte ich die Indologen. »Hinduismus? Das sind viele heilige und sehr alte Texte in Sanskrit!«

»Was ist Hinduismus?«, fragte ich die alten, ehrwürdigen Brahmanen. »Hinduismus? Das ist der Veda und das Opfer!«

»Was ist Hinduismus?«, fragte ich einige Gläubige. »Hinduismus ist die schmerzhafte, die unerfüllte und doch erfüllende Liebe zu Krishna!«

»Was ist Hinduismus?«, fragte ich die Yogis. »Hinduismus? Ommmmmm!«

»Was ist Hinduismus?«, fragte ich schließlich den Mystiker. »Hinduismus? Weiß ich nicht, aber das weiß ich genau!«" (Buß, 2009, S. 36).

In dieser Referatsausarbeitung soll die Rolle des Hinduismus und ein Bruchteil der Geschichte Indiens dazu verhelfen, die heutige politische sowie kulturelle Wahrnehmung des Landes zu verstehen und sie einordnen zu können.

2 Der Hinduismus

Der Hinduismus ist je nach Auge des Betrachters etwas anderes und weist große Unterschiede in seiner Interpretation auf. Nach dem Christentum und dem Islam ist der Hinduismus mit knapp einer Milliarde Anhängern die drittgrößte Religion der Erde. Streng genommen besteht der Hinduismus aus verschiedenen Religionen die teilweise zusammengeführt worden sind oder sich gegenseitig beeinflussen. Somit ist er vielmehr als eine Lebensweise zu verstehen, die aus heiligen Schriften, Glaubenslehren und individuellen Riten besteht. Die Hauptreligion der Inder hat keine Gründerperson, sie ist die Verbindung vieler lokaler Götter, Praktiken und Rituale. Der Begriff „Hinduismus" selbst ist irreführend (Indien Aktuell, 2014). Das Word „Hindu" stammt aus dem Persischen und bezeichnet den Fluss Indus im heutigen Pakistan. Als die Griechen unter Alexander dem Großen (326 v. Chr.) in Indien vordrangen, bezeichneten sie die Bewohner als „Indoi", wovon sich das Wort Inder ableitet. Erst in der englischen Kolonialzeit entstand die künstliche Unterscheidung zwischen Indern im säkularen und Hindu im religiösen Sinn, um eine Unterscheidung zu Muslimen und Christen zu finden. Der Unterschied war anfangs kaum erkennbar, da der Hinduismus alle Religionen inkludierte und erst später die anderen Weltreligionen wie Christentum, Judentum und Islam, exkludierte (Stietencron, 2010, S. 7f.).

Laut Mahatma Ghandi ist der Hinduismus eine friedliebende und allumfassende Religion:

"Der Hindu ist in religiösen Fragen der toleranteste und weitherzigste Mensch. Seine Religion verkündet nicht einen besonderen Hindu-Gott oder einen besonderen Hindu-Himmel. Gott eist einer, für Hindus so gut wie für Nicht-Hindus. Und jeder gute Mensch kann in den Himmel kommen. Man braucht kein Hindu zu sein, um ein guter Mensch zu sein, und nicht jeder Hindu ist ein guter Mensch. Im Hinduismus gibt es kein Dogma über `den´ Weg. Es gibt verschiedene Wege, zur Wahrheit zu gelangen und Gott zu verwirklichen." (Schreiben10, 2014).

2.1 Glaubensinhalte

Der Hinduismus begreift die Welt als ein ewiger Kreislauf. In diesem ist *Brahman* die höchste Realität, die letzte Quelle des Seins. *Brahman* ist eine universelle und undefinierbare Kraft, die die Welt erschuf. *Atman* ist dabei die Seele oder das Selbst und sucht stets die Einheit mit *Brahman*. Die sichtbare Welt wird als *Maya* bezeichnet, dies ist die Welt wie wir sie sehen, aber sie verbirgt auch eine andere Wirklichkeit. Die Hindus glauben an die Reinkarnation, die Seele wird also nach dem physischen Tod in den Körper eines anderen Menschen oder Tieres, je nach Auf- und Abstieg, wiedergeboren. Dieser ständige Prozess der Reinkarnation wird *Samsara* genannt. Das *Karma* wiederum bestimmt die Art der Wiedergeburt. *Moksha* ist die Befreiung vom *Karma*, also von Tod, Zerfall, Ärger, Begierde und *Maya*. Die Befreiung erfolgt durch die Erleuchtung, also der Loslösung von weltlichen Vergnügungen. Erst durch die Erkenntnis, dass das Selbst gar nicht existiert und die Wirklichkeit die Einheit mit *Brahman* ist, erhält man die Erleuchtung. Zum Erreichen dieser Erkenntnis sind drei Wege möglich. Der erste Weg ist der weltliche, diesen erreicht ein Hindu durch seine Taten und Riten, die der Praxis seiner Interpretation der Religion entsprechen. Durch den zweiten Weg, dem *Sannyasa*, entsagt der Gläubige gesellschaftlichen Bindungen und Verpflichtungen, um sich selbst verwirklichen zu können (Sphinx-Suche, 2014). Durch die Hingabe (*Bhakti*) eint sich der Gläubige letztlich vollkommen mit seiner Religion. Dies ist nur ein Beispiel zur Erreichung der Erkenntnis. Der Hinduismus ist sehr chaotisch und jeder Hindu sucht sich seine eigene Form des Glaubens durch unterschiedliche Rituale. Daher gibt es nicht den einen Weg zur Erlangung der *Moksha* (Hinduismus, 2014).

Der Hinduismus enthält monotheistische, dualistische und polytheistische Richtungen und hat somit kein gemeinsames Glaubensbekenntnis, oder eine zentrale Institution, und doch ist der Wesenskern des Hinduismus friedlich und predigt die „Einheit in der Vielfalt" (Flood, 2009).

2.2 Das Kastensystem

Die Kaste ist ein besonders interessantes soziales Phänomen der hierarchischen Anordnung von gesellschaftlichen Gruppen. Während die Hindus in ihrer Religion sehr frei sind, sind sie im sozialen Leben, auch nach der theoretischen Abschaffung der Kaste mit der Unabhängigkeit Indiens, stark eingeengt. Die Hindus glauben auch heute daran, dass jeder Mensch aufgrund seines Karmas in eine bestimmte Kaste hineingeboren wird. Die Kastenzugehörigkeit ist vererbbar und die Regeln der Kaste bestimmen das gesamte spätere Leben, von Heirat bis zu der kastenzugehörigen Einnahme von Speisen. In der Mythologie hat es ursprünglich vier Kasten gegeben. Jede Kaste steht für einen Körperteil des *Puruscha*, des Urvaters der Menschheit. Dabei stellen die *Brahmanen* den Mund, die *Kschatriya* die Arme, die *Vaishya* die Schenkel und letztlich die *Shudra* die Füße dar. Diese symbolische Aufteilung soll verdeutlichen, dass alle Menschen, egal in welcher sozialen Stellung, wie ein Körper im Kastensystem zusammenarbeiten, und dass jede Kaste notwendig ist, damit die Gesellschaft gesund existieren kann. Heute sind es inoffiziell fünf Kasten. Die fünfte Kaste beinhaltet die *Parias*, die Unberührbaren. In der indischen Verfassung von 1948 wurde das Kastensystem theoretisch aufgehoben und dennoch ist in der Praxis die Tradition bestehen geblieben.

Die *Brahmanen* sind die Lehrer, ihre Hauptaufgabe ist es, die Menschen zu führen und sie auf den richtigen Weg zu bringen. Die *Brahmanen* lehren in diesem Zusammenhang die Rituale und das Wissen der *Veden*, die heiligen Schriften der Inder. Die *Kschatriyas* sind die Krieger, sie sind zum Schutz des Landes da. Die *Vaishyas* sind die Geschäftsleute und die Bauern, sie versorgen die Gesellschaft. Die *Sudras* oder die Arbeiterklasse tragen zum Wohlergehen der Gesellschaft bei. Die *Parias*, also die Unberührbaren erledigen die „schmutzige Arbeit" wie das Entfernen von toten Tieren oder die Straßenreinigung. Das System wurde mit der zunehmenden Arbeitsteilung bestärkt. Die Inder nennen es *Varna Dharma*, dies soll die nationale Gesundheit der Nation aufrechterhalten (Flood, 2009).

Soziologisch betrachtet basiert das Kastensystem nach Ansicht des Philosophen Célestin Bouglé auf drei Säulen: 1. der Trennung der Gruppen, insbesondere in Bezug auf Heirat und Essen, 2. einer erblichen Arbeitsteilung und 3. der Hierarchie. Dabei stellt Bouglé fest, dass die dominante Kaste nicht immer die der *Brahmanen* ist, obwohl sie klassisch betrachtet in der Bevölkerungspyramide weit oben dargestellt werden (Michaels, 2006, S. 182f.).

Etwa 16,6 Prozent der indischen Bevölkerung werden laut der Volkszählung von 2011 als Unberührbare klassifiziert, die zum größten Teil unter ärmlichen Bedingungen leben. In der Kasten-Hierarchie wird gerade die Grenze zu den untersten Kasten besonders betont. Die Unberührbaren müssen räumlich getrennt in Siedlungen außerhalb der Dörfer leben. Sie werden, wenn auch nach indischer Gesetzgebung illegal, oft am Betreten von Tempeln oder an der Benutzung von Brunnen gehindert. Die Kaste spielt in der heutigen Politik Indiens eine große Rolle. Während die eine Seite versucht das Kastensystem auch im Alltag Indiens zu brechen, profitieren andere Parteien von kastenspezifischen Wählern (Skoda, 2014).

3   Die Kolonialisierung Indiens und der Weg in die Unabhängigkeit

Die Geschichte eines Landes ist prägend für seine Gegenwart. Die indische Geschichte ist hierbei sicherlich keine Ausnahme. Zur Verdeutlichung, wie groß die Rolle der Entstehung des heutigen Indiens ist, soll im Rahmen dieses Referates die britische Kolonialisierung des Landes und die Erlangung seiner Unabhängigkeit die Basis zum politischen Verständnis Indiens aber auch der daraus entstandenen anderen Länder dargestellt werden.

Indien war von 1757 bis 1947 eine britische Kolonie. Die britische Handelskompanie eroberte mit Hilfe des britischen Staates Indien in kleinen Schritten. Dieser Prozess der partiellen Eroberung dauerte 250 Jahre lang von 1600 – 1857. Indien wurde jedoch nicht von Großbritannien annektiert, wie es Eroberungen ursprünglich zur Folge hatten. Um die Kolonialisierung Indiens und dessen Folgen zu verstehen, ist zunächst eine Erklärung zum Kolonialismus an sich notwendig.

3.1   Was ist also Kolonialismus?

Kolonialismus ist der Vorgang einer Landnahme unter Errichtung einer Fremdherrschaft. Indien war nie eine Siedlungskolonie wie etwa Kanada oder Australien, sondern anfangs eine Stützpunktkolonie und später eine Herrschaftskolonie. Interessanterweise wurde Indien mit sehr geringem personellen Aufwand erobert. So kamen 1901 170.000 Briten auf 294 Millionen Inder, im Jahre 1921 war das Verhältnis nur noch 157.000 Briten auf 306 Millionen Inder (TIBS, 2014). Es stellt sich hier also die Frage, warum die Inder sich nicht zu Wehr gesetzt haben. Diese Frage lässt sich nur durch die Entwicklung Indiens beantworten.

Eine wirtschaftlich orientierte Definition von Kolonialisierung lautet:

„Kolonialismus ist ein Verhältnis, bei dem eine gesamte Gesellschaft ihrer historischen Eigenentwicklung beraubt, fremdgesteuert und auf die – vornehmlich wirtschaftlichen – Bedürfnisse und Interessen der Kolonialherren hin umgepolt wird" (Osterhammel, 1997, S. 97).

Nach Michel Foucault beinhaltet Kolonialisierung allerdings neben wirtschaftlichen Aspekten auch soziale und psychologische Komponenten. Die Konstruktion einer kolonialen sozialen Ordnung sei notwendig, um eine Kolonie so zu beeinflussen, dass sie sicher ist. Die Briten legitimierten die Kolonialisierung Indiens mit einer nach heutiger Ansicht rassistischen Strategie. Die Briten diktierten den Indern, dass es die „Bürde des weißen Mannes" sei Indien zu regieren. Diese Ansicht prägt das indische Volk bis heute (pbs, 2008).

Laut Jürgen Osterhammel sind sechs Schritte zur erfolgreichen Kolonialisierung eines Landes notwendig. Diese sollen nun aufgeführt und auf Indiens Beispiel übertragen werden:

1. die Sicherung eines effektiven Handelsmonopols
2. die Sicherung der militärischen Dominanz und die Entwaffnung der indigenen Bevölkerung
3. die Sicherung von Steuereinnahmen
4. die Stabilisierung des Kolonialstaates durch rechtliche Regulierungen und eine Bürokratisierung
5. das Eingreifen in die kolonialisierte Gesellschaft durch Reforminitiativen
6. Aufrechterhaltung kolonialer Machtstrukturen durch den Aufbau und die Sicherung eines territorialen Verwaltungsstaates und die gleichzeitige Ausdehnung der kolonialen Wirtschaft, auch in Zusammenarbeit mit indigenen Eliten (Osterhammel, 1997, S. 38f.).

Der erste Schritt der Kolonialisierung in Indien fand durch die East India Company statt. Mit der Verbreitung Nordwest-Europas, besonders Großbritanniens in Südasien kam es durch geschickte Nutzung und Manipulation von bereits bestehenden

Weltmarktordnungen zu einer Veränderung des bestehenden Handelsnetzes zum Nachteil Südasiens. Die East India Company veränderte die bestehenden Handelsnetzwerke zwischen der arabischen Welt, Afrika und Asien.

Diese unvorteilhafte Entwicklung führte zu einer asymmetrischen Aufteilung der Welt in Metropolen und Peripherien, wobei die Kolonien und besonders Indien zu Rohstoffexporteuren degradiert wurden. Diese Umkehr der Ströme führte zur Deindustrialisierung Indiens. Der Export von Manufakturgütern aus Indien nach England wurde mit hohen Zöllen belegt, so dass die Produktion für Indien zu teuer wurde. Die Briten sicherten ihre wirtschaftliche Dominanz außerdem durch eine Zusammenarbeit mit indischen wirtschaftlichen Eliten.

Zu Beginn der Kolonialisierung war Indien eine reine Stützpunktkolonie, die, zunächst zum Schutz, später zur Vertreibung von Konkurrenz, militärisch ausgestattet wurde. Innereuropäische Rivalitäten in Politik und Religion wurden auf Südasien ausgedehnt. Besonders Großbritannien und Frankreich kämpften um ihre Stellung in Indien und gingen wechselnde Allianzen mit indischen Herrschern ein. Indien war zu der Zeit ein sich im Zerfall befindendes Reich und wurde von verschiedenen regionalen Herrschern regiert, die alle um den Erhalt und die Ausweitung ihres Machtbereiches kämpften. Das Land war somit innerlich und äußerlich instabil.

Als Beginn der britischen Kolonialisierung gilt das Jahr 1757, in der die East India Company in der Schlacht von Plassey den Statthalter des Mogulkaisers in Bengalen intrigenhaft besiegten und sich somit militärisch absicherten. Dadurch konnten die Briten große Teile Indiens erobern und einheimische Herrscher gegeneinander ausspielen. Im weiteren Verlauf führte die East India Company „Verteidigungskriege" und eroberte drei Fünftel des Landes. Die wirtschaftlich weniger rentablen Gebiete wurden zu Fürstenstaaten erklärt und unter indischer Herrschaft belassen, allerdings wurden diese dennoch direkt kontrolliert. 1857 brach ein Aufstand in Indien gegen die britische Kolonialisierungspolitik auf, diese konnte erst 1859 gewaltsam eingedämmt werden. Diese Zäsur war der Höhepunkt der indischen Gegenwehr und läutete eine neue Kolonialpolitik ein. Die East India Company wurde formell aufgelöst und die British Raj entstand. Indien stand von diesem Zeitpunkt an unter der Verwaltung des britischen Vizekönigs und eines dem britischen Kabinett angehörenden Indienministers. 1877 ließ sich dann Queen Victoria zur Kaiserin von Indien krönen (Zingel, 2014) (Betz, 2007).

Der Aufstand von 1857 hatte also zur Folge, dass Indien nicht mehr durch britische Händler, sondern von britischen Herrschern regiert wurde. Nach der Sicherung der militärischen Dominanz verschafften sich die Briten wichtige Steuerrechte. Die Briten fingen an, sich auch politisch in Indien zu etablieren und beuteten das Land finanziell aus. Sie schufen das British Raj. Dies beinhaltete unter anderem eine räumliche Reorganisation Indiens, die einen Migrationsstrom zur Folge hatte. Außerdem führte das British Raj eine strenge Arbeitsteilung ein, für diese das Kastensystem missbraucht wurde.

Die britische Kolonialmacht griff immer tiefer in die gesellschaftlichen Strukturen Indiens ein, um ihre Fremdherrschaft zu sichern. So wurden neue Gesetze eingeführt, zeitgleich wurde der Verwaltungsapparat, der anfangs nur Briten in hohen Positionen beschäftigte, weiter ausgebaut. Die britischen Kolonialherren nahmen stets an, dass die indische Bevölkerung nicht in der Lage wäre, als selbstbestimmender Akteur in diesem Prozess aufzutreten. Der vierte und fünfte Schritt nach Osterhammels Schema wurde somit erreicht (Betz, 2007).

Die Legitimation der Fremdherrschaft fand außerdem durch die Ansammlung von Wissen statt. Die britischen Administratoren machten sich indisches Wissen zu eigen und nutzten dieses zur Eroberung von mehr Territorium, aber auch zur Manipulation der indischen Psyche aus. Die Briten studierten die Inder in Bereichen wie Verwaltungs-tradition, Linguistik, Geschichte, Medizin, Religion, Geschlechterverhältnisse, Anthro-pologie, Botanik und Geographie. Zeitgleich propagierten die Briten ein barbarisches, unwissendes und politisch unfähiges Indien und stellten sich selbst als die visionären und „guten Führer" dar, die dem Land nur helfen würden. Daher mischten sie sich in alle indischen Angelegenheiten ein und veränderten sogar in den Schulbüchern die Geschichte des Landes, indem sie Indiens Geschichte in drei Bereiche teilten, in ein goldenes Hindu-Altertum, ein dunkles muslimisches Mittelalter und eine fortschrittliche und zivilisierte Kolonialherrschaft. In vielen Schulbüchern Indiens stellt diese Dreiteilung im Geschichtsunterricht noch heute einen bedeutenden Teil des Unterrichts dar (Dharampal-Frick & Ludwig, 2009, S. 151f.).

Die Briten sahen die Inder als minderwertig an und zerstörten auch ihre Selbstwahrnehmung. Auch das Phänomen der Kaste, das zwar schon vor dem Einmarsch der Europäer vorhanden war, wurde stark missbraucht. Die Briten ließen ab den 1860er Jahren Zensen durchführen, in denen die Inder ihre Kastenzugehörigkeit angeben mussten und sich dementsprechend auszuweisen hatten. Auch die starre Geschlechterrolle im heutigen Indien fand seine Ursprünge in der Einmischung der Briten in die gesellschaftliche Ordnung der Inder (Dharampal-Frick & Ludwig, 2009). Obwohl die Briten die Inder als minderwertig bezeichneten, profitierten die Europäer sehr vom indischen Wissen. So konnten die Briten den indischen Ozean erst durch die Erlangung indischer Kenntnisse im Bereich der maritimen Navigationstechnologie beherrschen. Der Wissensaustausch mit den Indern erlaubte somit den Briten die hohe Machtstellung ihrer Zeit.

Mit der Zeit verzichteten die Briten jedoch immer mehr auf eine Zusammenarbeit mit indischen Mittelsmännern und verneinten auch ihre Rolle bei der Etablierung des British Raj. Als indische Elite identifizierten die Briten fast nur noch die Brahmanen, die Gelehrten, die nur 5 % der indischen Bevölkerung ausmachten.

Mit der Kolonialisierung wurde erstmals der gesamte Subkontinent unter einer einheitlichen Verwaltung zusammengefasst. Um die Gefahr einer einheitlichen Gegenwehr der Inder zu verhindern, sorgten die Briten dafür, dass die Inder sich nicht als Einheit sahen. Besonders die religiöse Zugehörigkeit der Muslime und der Hindus wurde hierbei ein Mittel zum Zweck. Die Briten spannten das Verhältnis der beiden Gruppen z. B. durch territoriale Trennungen, die das Gefühl von einer Einheit störte und die Schaffung einer künstlichen neuen Kultur, in der die Muslime kein Teil vom Hinduismus mehr waren. Diese Spannung spiegelt sich heute zwischen Indien und Pakistan wieder (Dharampal-Frick & Ludwig, 2009, S. 152).

3.2 Der mühsame Weg zur Unabhängigkeit Indiens

Im 19. Jahrhundert wuchs eine indische Bildungselite heran, die westlich gebildet und dem das europäische Denken vertraut war. Diese Bildungselite bereitete sich darauf vor, die Regierungsverantwortung von Indien zu übernehmen. Die Ablehnung der Briten, die Inder in die Regierung Indiens mit einzuschließen, führte 1885 zur Gründung des Indischen Nationalkongresses. Diese Versammlung traf sich jährlich und hatte anfangs die Rolle eines Bittstellers in der Tradition eines westlichen Debattierclubs. Anfangs vertraute der Nationalkongress auf die grundsätzlich guten Intentionen des British Raj. Dennoch gilt die Gründung dieser Gruppierung als Beginn der Reformierung der kolonialen Herrschaft. Zu ihren bekannten Führern zählen Mahatma Ghandi und Jawaharlal Nehru.

Noch bis 1919 wehrte sich der Nationalkongress nicht nennenswert gegen die Kolonialherren und kann als Teil von Osterhammels Schema gekennzeichnet werden (Punkt 4 und 5). Am 16. Oktober 1905 wurde Indiens bevölkerungsreichste Provinz Bengalen (eine der aktivsten im Befreiungskampf) von den Briten aus verwaltungstechnischen Gründen geteilt – in einen westlichen Landesteil, einschließlich Bihars und Orissas mit überwältigender Hindu-Mehrheit, und einen östlichen Landesteil einschließlich der Provinz Assam mit deutlicher Moslem-Mehrheit. Damit änderte sich auch das Verhalten des Nationalkongresses und es kam neben Unruhen auch zu terroristischen Gewaltakten. Der indische Nationalkongress blieb bis zum Beitritt Ghandis eine sehr elitäre Vereinigung. Erst durch den Beitritt Ghandis 1915 konnten breite Bevölkerungsschichten mobilisiert werden. Seine gewaltfreie und nicht kooperative Widerstandsform konnte auf viele der südasiatischen Traditionen zurückgreifen und begeisterte so schnell die Massen. Der Nationalkongress forderte von seinen Fremdherrschern *Saraj* - Selbstregierung.

Die britischen Kolonialherren folgten einer dualen Strategie, um mit diesem Widerstand umzugehen. Auf der einen Seite kam es zu gewaltsamen Unterdrückungen und auf der anderen Seite wurden Kompromissangebote, Verfassungskorrekturen und das Zugeständnis beschränkter politischer Selbstverwaltung in den einzelnen Provinzen gemacht. Das Bild der zur Selbstregierung unfähigen Inder war immer noch fest in der britischen Wahrnehmung verankert, so wurde die Forderung nach Selbstregierung nicht weiter ernst genommen.

Der Indische Nationalkongress erzielte indes in den regionalen Wahlen immer bessere Ergebnisse. Aus diesem Grund beanspruchte Jawaharlal Nehru für den Nationalkongress den Status des alleinigen Vertreters der gesamten indischen Bevölkerung. Hierdurch entstand jedoch ein Konflikt mit der Muslimliga unter der Führung Mohammed Ali Jinnahs, die anfangs mit dem Nationalkongress zusammenarbeitete. Der Nationalkongress beharrte auf ein Machtmonopol, entfremdete dadurch die Muslimliga und begünstigte die erstmalig 1940 formulierte Forderung nach einem eigenen Staat für die muslimische Bevölkerung Südasiens (Mann, 2014).

3.3 Das Ende des British Raj

Der zweite Weltkrieg wurde zum Katalysator der indischen Unabhängigkeits-
bestrebungen, obwohl die Aufrechterhaltung des British Raj gerade wegen des
Weltkrieges mit die höchste strategische Relevanz hatte. Der Vizekönig Victor Hope
von Linlithgow erklärte ohne Rücksprache mit dem Nationalkongress im
September 1939 den Kriegseintritt Indiens und stachelte damit die Nationalisten weiter
auf. Obwohl die indische Öffentlichkeit ganz und gar nicht mit den Nationalsozialisten
sympathisierte und Großbritanniens Haltung gegenüber Deutschland begrüßte, erklärten
die führenden politischen Kräfte Indiens, nur in den Krieg eintreten zu wollen, wenn im
Gegenzug Indien seine Unabhängigkeit erhalten würde. Zu Beginn des Krieges hatte
Indien eine Armee von rund 200.000 Mann, zu Ende hatten sich 2,5 Millionen
Freiwillige gemeldet, die größte Freiwilligen-Armee im Zweiten Weltkrieg.

Die Kolonialregierung ignorierte dennoch die Forderung und den Indern wurde auch
unter Winston Churchill das Selbstbestimmungsrecht verwehrt. Ende 1941 nahmen die
Unruhen erneut zu. Ghandi startete 1942 seine Quit-India-Kampagne und der Kongress
forderte die Briten auf, das Land entweder sofort zu verlassen oder mit massenhaftem
zivilen Ungehorsam rechnen zu müssen. Zur selben Zeit befürchteten die Briten einen
deutsch-japanischen Angriff auf dem Subkontinent und den Verlust ihrer strategischen
Lage und sahen sich daher gezwungen die Unruhen zurückzuschlagen. Dies taten sie
mit hoher Gewaltbereitschaft, dabei wurden schätzungsweise eintausend Aufständische
getötet und hunderttausende verhaftet, darunter die gesamte Kongress-Führung mit
Ausnahme der Muslimliga, die sich aus dem Konflikt fern gehalten hatte.

Erst nach dem unerwarteten Sieg der Labour Party bei den britischen Parlamentswahlen
1945 kamen die Verhandlungen über Indien wieder in Bewegung. Verschiedene
politische Repräsentanten darunter der Vizekönig Lord Wavell, Nehru und Jinnah
zudem Ghandi verhandelten in Indien über die Modalitäten eines unabhängigen Landes.
Zeitgleich herrschten große Unruhen in Indien und die Gefahr eines Bürgerkrieges
setzte die Verhandlungen drastisch unter Druck. Der koloniale Verwaltungsapparat
brach allmählich zusammen und es kam zu nationalistischen Extremen, die sich unter
anderem in der Meuterei der Royal Indian Navy widerspiegelten

Durch den zweiten Weltkrieg geschwächt konnte England nicht mehr wie gewohnt auf die Unruhen reagieren und sah sich gezwungen eine Delegation nach Indien zu schicken, die für ein unabhängiges und ungeteiltes Indien sorgen sollte (Mann, 2014) (Dharampal-Frick & Ludwig, 2009, S. 154f.).

3.4 Die Entstehung Pakistans

Während der Verhandlungen hat sich die ursprüngliche Drohung der Muslime ein eigenes Land haben zu wollen zu einer Forderung entwickelt. Dies erschwerte die Verhandlungen, da England Indien nach wie vor als militärisch strategischen Stützpunkt beibehalten wollte und auch Ghandi für ein ungeteiltes Indien kämpfte. Während Nehru für ein absolut freies Indien sprach, beharrte Jinnah auf einer vollen pakistanischen Souveränität. Da die drei Lager sich kaum einig wurden, wurden die Verhandlungen im Sommer 1946 abgebrochen. Die Situation verschärfte sich zeitgleich und es kam zu blutigen Auseinandersetzungen zwischen Hindus und Muslimen. England befürchtete einen internationalen Prestigeverlust und ein innenpolitisches Debakel, daher wurde im Februar 1947 bekanntgegeben, dass Indien bis zum 30. Juni 1948 die Unabhängigkeit von England bekommen sollte.

Da jedoch die öffentliche Ordnung immer unruhiger wurde, beschloss der mit dieser Aufgabe anvertraute neue Vizekönig Louis Mountbatten die Machtübergabe zeitlich vorzuziehen. Die Machtübergabe sollte somit ein Jahr früher, am 15. August 1947 stattfinden. Indien und Pakistan sollten den Status eines Dominions (also einer sich selbst beherrschenden Kolonie) erhalten. In Indien wurde eine weniger hektische Umgewöhnungsphase gewünscht, die durch die Beibehaltung Mountbattens als Generalgouverneur möglich sein sollte, Jinnah jedoch wollte diesen Posten selbst ausfüllen. An dieser schnellen Machtübergabe resultierten viele Ungenauigkeiten und Fehler, z. B. wurde die Radcliffe-Kommission, die über den zukünftigen Grenzverlauf der neu entstehenden Staaten entscheiden sollte, von einem Mann geleitet, der nie in Indien gewesen war und sich mit der Gesellschaft und Geographie des Landes nicht auskannte. Noch gravierender war der Fehler, den Grenzverlauf der neuen Staaten erst nach dem Tag der Machtübergabe bekannt zu geben, womit die Kommission sich aus der Verantwortung ziehen wollte (Mann, 2014).

Anstatt die Probleme vorzubeugen und Lösungen zu finden, konzentrierten sich die Briten auf eine stilvolle Machtübergabe. Diese wurde weitgehend gefeiert, außer von Ghandi, dessen Traum von einem ungeteilten und unabhängigen Indien zerstört wurde.

4 Probleme nach der Unabhängigkeit: Indien vs. Pakistan

Als der Grenzverlauf veröffentlicht wurde kam es zu gewaltsamen Ausschreitungen in Nordindien. Über die Grenzen im Norden kam es zu vielen Flüchtlingsströmungen, die nicht friedlich stattfanden. Allein in Punjab starben dadurch eine halbe Million Menschen, ca. 15.5 Millionen Menschen verließen ihre Heimat und machten die indische Teilung zur größten Flüchtlingskatastrophe in der Menschheitsgeschichte. Ghandi predigte stets ein Zusammenleben von Hindus und Muslimen und wurde im Januar 1948 durch einen Hindu-Fanatiker ermordet, somit war ein wichtiger Vermittler zwischen den beiden Religionen nicht mehr da. Die Feindseligkeit der beiden Staaten spiegelt sich heute noch wider, gravierend ist auch der ungeklärte Status des ehemaligen Fürstenstaates Kaschmir, den beide Staaten für sich beanspruchen (Betz, 2007).

5 Fazit

Indien änderte seine politische Struktur in einigen Teilen äußerst stark, in anderen wiederum kaum. Es gibt keinen Vizekönig und keinen Indienminister mehr, stattdessen einen Premierminister und einen Staatspräsidenten. Nach einer kurzen Übergangsphase im Status eines Dominions wandelte sich Indien am 26. Januar 1950 zu einer unabhängigen Republik mit dem Beitritt zum Commonwealth[1]. Ansonsten änderte sich in Indien nach 1947 kaum etwas. Der Kongress, der lange die mächtigste Partei blieb, wurde immer mehr selbst zum Raj, die den Geist der Kolonialherren übernahm, sowohl militärisch als auch administrativ. Auch auf der gesellschaftlichen Ebene sind kaum Unterschiede zur Kolonialherrschaft erkennbar, von der modernen Industrialisierung in Indien abgesehen.

---

[1] Commonwealth ist ein freiwilliger Zusammenschluss unabhängiger und souveräner Staaten, die ehemals dem so genannten "British Empire" angehörten.

6 Exkurs: Hindu-Nationalismus

Der Konflikt zwischen Hindus und Muslimen wurde mit der Entstehung der Hindutva Bewegung weiter verschärft. Hindutva ist ein politisch-ideologischer Hinduismus, die die Wiederbelebung der Nation durch Wiederbelebung alter gesellschaftlicher Werte und religiöser Praktiken propagiert. Das Ziel ist es, aus Indien ein „Reich der Hindus" (*Hindu Rashtra*) zu machen. Der Hindu-Nationalismus hat erschreckende Ähnlichkeiten mit dem deutschen Nationalismus im Dritten Reich. Einige der Anhänger sind sogar „Fans" der damaligen Diktatoren. So ist das Ziel die radikale Überlegenheit einer bestimmten „arischen" Rasse und Nation.

Slogans wie „*Es gibt nur einen Platz für Muslime, Pakistan oder den Friedhof*" verdeutlichen, welche Abscheu in ihren Kreisen herrscht (Setalvad, 2014). Die Hindutva versteht sich als Gegenbewegung zum säkularen Staatsmodell, das von Mahatma Gandhi als Lösung für die religiösen Konflikte, hauptsächlich zwischen Muslimen und Hindus, gesehen wurde und das heute per Verfassung verankert ist. Viele Hindus stehen daher ebenso wie Nicht-Hindus der Hindutva- Bewegung kritisch gegenüber (Wolf, 2008).

7 Diskussionsfragen:

Welche nachhaltigen Probleme ergaben sich Eurer Meinung nach durch die lange Kolonialzeit, die auch heute das Land prägen?

Was glaubt Ihr, wie sich die Geschichte und die Religion Indiens auf sein Staatsverständnis auswirken?

Literaturverzeichnis

Betz, J. (02. 11 2007). *Bundeszentrale für politische Bildung*. Abgerufen am 20. 08 2014 von Politische Entwicklung seit der Unabhängigkeit: http://www.bpb.de/izpb/9295/politische-entwicklung-seit-der-unabhaengigkeit?p=all

Betz, J. (18. 01 2007). *Bundeszentrale für politische Bildung*. Abgerufen am 15. 08 2014 von Epochen der indischen Geschichte bis 1947: http://www.bpb.de/internationales/asien/indien/44384/geschichte-bis-1947?p=all

Buß, J. (2009). Hinduismus für Dummies. Wienheim: Wiley-VCH Verlag GmbH & Co.

Census of India. (2001). *Census of India*. Abgerufen am 10. 08 2014 von http://censusindia.gov.in/Census_Data_2001/India_at_glance/religion.aspx

Dharampal-Frick, G., & Ludwig, M. (2009). *Das Erbe des Kolonialismus: Die Kolonialisierung Indiens und der Weg in die Unabhängigkeit*. Abgerufen am 16. 08 2014 von Uni-Heidelberg Website: http://archiv.ub.uni-heidelberg.de/savifadok/1162/1/Dharampal_Ludwig_2009.pdf

Duvinage, F. (2014). *Fabrice Duvinage*. Abgerufen am 10. 08 2014 von Götterwelt Indiens. Traditionelle Bronzekunst des Hinduismus: http://www.fabriceduvinage.de/goetterwelt_indiens1.htm

Flood, P. (24. 08 2009). *BBC*. Abgerufen am 12. 08 2014 von BBC: http://www.bbc.co.uk/religion/religions/hinduism/concepts/concepts_1.shtml

Hinduismus. (2014). Abgerufen am 12. 08 2014 von http://www.hinduismus.de/main_praxis.htm

Indien Aktuell. (2014). *Indien Aktuell, Kommunikation und Information*. Abgerufen am 10. 08 2014 von http://www.indienaktuell.de/indien-information/religionen-in-indien/

Mann, P. M. (04. 07 2014). *Bundeszentrale für politische Bildung*. Abgerufen am 16. 08 2014 von http://www.bpb.de/themen/4OJUFG,0,0,Die_Teilung_BritischIndiens_1947.html

Michaels, A. (2006). Der Hinduismus: Geschichte und Gegenwart. C.H. Beck oHG, Broschierte Sonderausgabe.

Osterhammel, J. (1997). Kolonialismus: Geschichte, Formen, Folgen. In J. C. Jansen. München: C.H. Beck.

pbs. (2008). *pbs*. Abgerufen am 15. 08 2014 von The Story of India: http://www.pbs.org/thestoryofindia/teachers/lessons/6/

Schreiben10. (2014). *Schreiben10*. Abgerufen am 12. 08 2014 von http://www.schreiben10.com/referate/Philosophie/5/Hinduismus-reon.php

Skoda, D. U. (07. 04 2014). *Bundeszentrale für politische Bildung*. Abgerufen am 12. 08 2014 von bpb: http://www.bpb.de/internationales/asien/indien/44414/kastenwesen

Sphinx-Suche. (2014). Abgerufen am 12. 08 2014 von http://www.sphinx-suche.de/grenzwissen5/sannyasa.htm

Stietencron, H. v. (2010). Der Hinduismus. In *Geschichte und Theologie der älteren Hindu-Religionen* (S. 7f.). München: C.H. Beck oHG.

TIBS. (2014). *Tiroler Bildungsservice*. Abgerufen am 13. 08 2014 von TIBS: http://www.tibs.at/content/britisch-indien

Wolf, S. O. (26. 05 2008). *Bundeszentrale für politische Bildung*. Abgerufen am 16. 08 2014 von Hindu-Nationalismus - Gefahr für die größte Demokratie?: http://www.bpb.de/apuz/31206/hindu-nationalismus-gefahr-fuer-die-groesste-demokratie?p=all

Zingel, W.-P. (2014). *Uni-Heidelberg Website*. Abgerufen am 16. 08 2014 von Südasien-Institut der Universität Heidelberg, Abteilung Wirtschafts- und Entwicklungspolitik: http://www.sai.uni-heidelberg.de/abt/intwep/zingel/india-ze.htm#1498